ADRESSE
SUR LE DUEL.

1790.

N. B. Une partie des principes de cette adreſſe avoit déja été développée plus au long dans un ouvrage du même Auteur, publié au commencement de cette année, & dont la nouvelle édition ſe vend chez Deſenne, Libraire, au Palais Royal, ſous ce titre : *Point de Duel, ou Point de Conſtitution.* On retrouvera même ici quelques expreſſions & quelques phraſes ſemblables. Il y a des choſes qu'on diroit trop mal, ſi on avoit la prétention puérile de les dire de pluſieurs manières.

Ces deux ouvrages ſeront inceſſamment ſuivis d'un diſcours ſur les principes que le Légiſlateur doit ſuivre pour parvenir à l'abolition des Duels. On y préſentera quelques vues nouvelles ſur l'enſemble des Loix propres à remplir un objet ſi deſirable.

PROJET D'ADRESSE

A L'ASSEMBLÉE NATIONALE

SUR LE DUEL,

Par PH. A. GROUVELLE.

Imprimé par ordre de la société des amis de la constitution, séante à Paris, pour être envoyé à toutes les sociétés qui lui sont affiliées.

Falsus honor juvat & mendax infamia terret. HORACE.

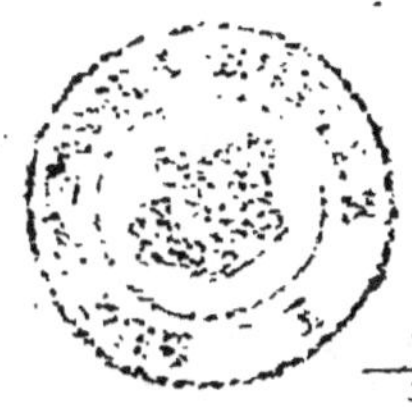

A PARIS,

DE L'IMPRIMERIE NATIONALE.

1790.

AVERTISSEMENT.

CE n'eſt pas ſeulement comme contraire à l'humanité, au bon ſens & à l'ordre ſocial, c'eſt ſur-tout comme ennemi de la conſtitution que le Duel eſt ici déféré au Tribunal de la Patrie.

Cet *honneur* ſanguinaire, qui ne reconnoît qu'une ſeule eſpèce de ſatisfaction pour toutes les ſortes d'injures, eſt un reſte des mœurs & des lois du François barbare, qui a pu ſe maintenir chez le François civiliſé, parce qu'il étoit eſclave, & que l'eſclavage eſt une ſorte de barbarie : mais ce preſtige honteux doit s'évanouir dans l'atmoſphère de la liberté; car la liberté fait regner la loi ; la loi conſerve l'égalité, & l'égalité ſeule ſuffit à régénérer l'opinion.

Mais cette opinion eſt-elle auſſi préparée, auſſi formée qu'on ſe plaît à le croire? le Duel eſt-il jugé? tous les eſprits ſont-ils aſſez convaincus de ſa barbarie & de ſes dangers ? Non, ſans doute; & l'on s'exagère le progrès de la raiſon publique.

On ſe trompe ſur-tout à cette eſpèce d'inſurrection du patriotiſme qui vient de multiplier

les pétitions contre le duel. Platon nous repré-
sente Socrate arrêtant Alcibiade au moment où
il entre dans un temple : *Qu'allez-vous demander
aux Dieux ?* lui dit-il; & sur la réponse de son
disciple, le sage lui démontre qu'il n'avoit point
réfléchi aux conséquences de ses prières les plus
ardentes. Si l'on interrogeoit la plupart de ceux
qui vont dans le temple des lois provoquer
l'anathême du législateur contre les duels, je
crains bien qu'on ne trouvât beaucoup d'Alci-
biades.

La plupart savent-ils que ce n'est pas le duel,
mais l'estime absurde qu'on a pour le duel qu'il
faut détruire ?

Savent-ils assez que la même loi qui défendra
au citoyen de se faire justice à soi-même, défendra en même temps à ses concitoyens de
louer, même d'excuser celui qui fait ou accepte
un défi, & en même temps de blâmer ou de
mésestimer celui qui recevant une injure, n'en
demande justice qu'au magistrat ?

Savent-ils que cette même loi leur défendra
de croire qu'il soit réellement au pouvoir d'un
coquin ou d'un ivrogne de déshonorer, par un
mot grossier ou par un geste brutal, un homme

honnête & sage, quand même celui-ci mépriferoit assez l'offenseur, pour ne pas le forcer à la réparation légale ?

Elle leur défendra encore de croire que la même invective qu'ils dédaigneroient de venger, si elle leur étoit dite par un passant grossier & couvert de haillons, doive être punie de mort, si elle sort de la bouche d'un homme plus riche & mieux habillé.

Enfin savent-ils que la loi contre les duels leur ordonnera de renoncer à ce préjugé, qu'il existe d'autres offenses réelles que les offenses qui sont vengées & réparées par la justice, & un autre *honneur* que la juste & véritable estime due au religieux observateur des lois ?

Telle est pourtant l'étendue de l'engagement que prend tout pétitionnaire contre le duel. Qu'il médite ces maximes ainsi que les axiomes qui terminent cet écrit, & qu'il se demande à lui-même, si, dans le fond de son cœur, il est en effet décidé à n'agir, à ne juger désormais qu'au gré de principes si sévères & d'une loi si exigeante.

Ces réflexions à part, je n'aurois encore que trop de preuves de l'immaturité de l'opinion à l'égard du duel. Il ne faut que voir quelques

sociétés & entendre quelques conversations:
quels discours ! quelle déraison opiniâtre !

La plupart de ceux qu'on appele *aristocrates*,
trop ignorans ou trop légers, n'ont pas bien
analysé par quels secrets rapports le duel & le
faux point d'honneur sont la dernière ressource
de la féodalité, &, pour ainsi dire, le dernier
baliveau de la forêt d'abus que nous venons
d'abattre. Mais je ne sais quel instinct supers-
titieux les avertit de contrarier toujours la raison
& la loi, & de combattre avec fureur l'abolition
des duels. Ils trouvent des auxiliaires puissans
dans l'armée trop nombreuse des mécontens,
des ennemis cachés de la constitution. De là
ce redoublement de fureur qui, dans ces der-
niers jours, a tant multiplié les querelles & les
combats meurtriers. Supprimer le duel, une telle
idée soulève tous ces gens. J'ai vu nos jeunes
braves crier à l'injustice : il y en a mille qui se
feront tuer, tant qu'on voudra, pourvu qu'on
leur laisse le plaisir & *l'honneur* de se battre toute
leur vie. D'autres, plus pacifiques, se contentent
de l'escrime des paroles : ils déclament à qui
mieux mieux sur les délicatesses de leur pré-
tendu *honneur*. J'ai entendu rebattre jusqu'à de

vieux sophismes sur la *vengeance personnelle*, inventés par les jurisconsultes & les casuistes du seizième siècle; car les Balde & les Bartole n'ont pas manqué d'élucubrer copieusement la matière du duel, & les jésuites complaisans n'ont pas négligé d'absoudre le duelliste par la *direction d'intention*.

D'un autre côté, comme le duel protégeoit tous les vices, les vices reconnoissans lui rendent sa protection avec usure. Songez à la tourbe des hableurs, des dissipateurs, des banqueroutiers, des joueurs, des escrocs, même des femmes vindicatives ou corrompues : voilà encore pour le duel des apologistes & des amis ardens.

Enfin, tandis que l'aristocratie & l'immoralité publique sophistiquent bravement en faveur de cet usage féroce, un grand nombre d'hommes honnêtes & sensés se taisent & dissimulent lâchement la juste horreur qu'il leur inspire. En le détestant tout bas, ils n'osent le proscrire tout haut. Ils craignent de passer pour poltrons, s'ils se montrent humains & raisonnables. J'en ai vu d'assez pusillanimes pour n'oser même louer en public un écrit où cette manie étoit puissamment combattue. Enfin, par un singulier contraste de l'hypocrisie générale, on voit tel qui hait au fond du cœur le duel, l'excuser ou n'oser l'attaquer devant les faux braves si communs dans le monde ; tandis que tel autre, imbu des chimères du faux honneur, affecte, aux yeux des hommes éclairés, cette même philosophie qui condamne le duel, & que ses propres actions démentiront, comme son cœur, au premier prétexte.

Si ce tableau est fidèle, que faut-il penser de l'opinion ? est-elle mûre pour la loi, quand les principes de la loi sont par-tout reniés ou dissimulés, ou même entièrement ignorés. Car, s'il faut ici découvrir toute ma pensée, les hommes les plus ardens à solliciter cette réforme légale & morale, me semblent presque tous n'avoir vu que de profil cette grande question. Je le juge par les divers projets de loi qu'on présente de toutes parts. Ils ne sont presque tous que des moyens foibles, partiels & isolés. Il ne suffit pas de considérer la tige, il faut voir la racine & les branches. Ce n'est pas, à mon sens, une simple loi, c'est presque une législation complète qu'il s'agit de produire.

Une circonstance accroît encore en ce moment

l'influence du point d'honneur, & la fureur des duels, c'eſt l'inſtitution des gardes nationales : la jeuneſſe de nos villes a trop endoſſé l'eſprit avec l'habit militaire. Croit-on qu'elle s'accoutume ſitôt à ne tirer qu'au nom de la loi cette épée qu'elle porte & qu'elle manie encore avec cette audace pétulante que donne le premier ſentiment de la liberté armée.

Auſſi les nombreuſes pétitions contre les duels ne ſont-elles dues qu'aux alarmes qu'on a pu concevoir pour la vie des défenſeurs du peuple, menacée par une ligue de champions anti-populaires. Mais ce n'eſt point le ſentiment, c'eſt la raiſon qui détruit les préjugés. Le ſentiment peut faire un bon citoyen, mais non un peuple ſage ; car il n'agit guère que pour l'inſtant & pour les perſonnes : la raiſon ſeule opère pour les ſiècles & pour les ſociétés. Enfin, ſi le ſentiment fait les belles actions, la raiſon ſeule fait les bonnes lois.

En un mot, la nation, le peuple entier, la pluralité des François a ſans doute un intérêt puiſſant à priver déſormais d'eſtime & d'honneur le duel & les duelliſtes. Mais la notoriété de cet intérêt public n'eſt rien moins qu'univerfelle. Si donc vous ne voulez pas porter une loi prématurée, une loi qui reçoive chaque jour de l'opinion un funefte démenti, & tombe bientôt dans une impuiffante défuétude, il faut qu'une rapide & immenfe diffufion des lumières, rende tout-à-coup les François dignes de cette loi. Mais comme ce préjugé eft celui des claffes accoutumées à lire & à penfer, le miracle s'achèvera fans peine; fur-tout, fi une difcuffion folemnelle, ouverte au même inflant dans tous les coins de l'Empire, appelle & fait rayonner fur tous les principes une falutaire évidence. C'eft le but qu'on s'eft propofé en offrant ce projet d'adreffe à la fociété des amis de la conftitution. Elle rappellera aux citoyens que c'eft à eux qu'il appartient de faciliter l'œuvre du légiflateur, & qu'un peuple qui demande une loi, promet un facrifice, celui de fes préjugés. Car la nature a voulu que la liberté fût achetée comme tous les biens. La terre n'accorde fes richeffes qu'au travail : la conftitution ne livrera fes fruits qu'à la raifon qui fait fe corriger & au patriotifme qui faura s'immoler.

PROJET D'ADRESSE

A L'ASSEMBLÉE NATIONALE,

SUR LE DUEL.

L'ASSEMBLÉE nationale n'a pas brifé toutes les chaînes. L'Ariftocratie, détrônée par la conftitution, règne encore dans les habitudes. Ces caftes oppref-fives, enfin défarmées, avoient tranfmis à la nation même leurs préjugés. Comme un joug indeftructible, ils pèfent invifiblement fur nous, & l'on peut dire que la tyrannie furvit aux tyrans.

Légiflateurs de la France, rempliffez votre miffion la plus fublime, en fondant la liberté jufques dans les cœurs. Ainfi que la volonté générale, la raifon publique eft repréfentée par vous : jamais plus fainte occafion ne s'offrira d'exercer ce pouvoir de la fuprême cenfure. Une coutume atroce, des opinions folle-ment inhumaines démentent aujourd'hui le caractère françois, puifqu'enfin le François a pris un caractère. Il attend votre fignal pour fe délivrer de ces erreurs. Délibérez ; la lumière va luire. Décrétez ; les vertus vont éclore.

Oui, c'eft trop long-temps entendre le récit de ces fcènes cruelles, où des citoyens prodiguent leur vie fans raifon, prefque fans paffion, & fur-tout fans fruit pour la patrie. Si l'époque immortelle, l'Ère fortunée des sociétés humaines est enfin arrivée, si nous ne sommes plus des Welches légers & barbares, pourquoi, à l'instant où le nouvel ordre social commence à fleurir, voyons-nous l'anarchie sauvage & anticivique des duels renouveler ses plus scandaleux excès? Lorsque l'intérêt de la grande famille demande l'exclusif dévouement de toutes les ames & de toutes les forces, d'où vient que chaque jour nous montre le sang de frères impunément répandu, & des têtes utiles compromises dans des rixes frivoles & pour l'absurde cause du point d'honneur? Il est temps que les François commencent à pratiquer les vérités qu'ils professent, & deviennent les hommes nouveaux des nouvelles institutions. Il est temps de dénoncer à la conscience des gens de bien, en même temps qu'à la justice du législateur, le danger public & le délit constitutionnel des combats singuliers.

Sans doute il falloit que cette résurrection politique vînt changer tous les devoirs du citoyen, pour que nous-mêmes vinssions invoquer la loi contre les duels. Lorsque, sous le dernier règne, un philosophe attaquoit avec tant d'éloquence cette fatale manie, les ames fières & libres lui crioient: Arrêtez, laissez-nous cet abus salutaire, ce vice des mœurs qui corrige les vices des lois.

En effet, tant que la dignité de l'homme fut méconnue, tant que l'égalité n'exista point, & qu'on ne

vit en France que des hommes tout à-la-fois infé-
rieurs & supérieurs, il étoit bon que la crainte d'une
épée contînt, sous une lâche politesse, les jalousies
mutuelles & l'insolence hiérarchique de tous ces pri-
vilégiés tour à tour superbes & rampans.

Là où paroissoient effacés tous vestiges de liberté
publique & privée, la vengeance personnelle, ce reste
d'indépendance sauvage, empêchoit l'entier avilisse-
ment du génie national.

Là enfin où la justice étoit absente, il falloit que
nous pussions nous la faire quelquefois & réprimer
nous-mêmes des offenseurs puissans ou protégés : car
par-tout où un outrage ne trouve point de réparation
légale, l'offensé rentre dans l'état de nature.

L'égalité, la liberté, la justice manquoient; le Duel
en étoit l'utile supplément. Ces biens nous sont rendus :
périsse leur honteux simulacre !

Elle est donc nouvelle aujourd'hui cette horrible
question tant de fois débattue ! D'aujourd'hui seulement le duel ne sauroit trouver grace devant nous.

Ah ! s'il eût pu voir le peuple françois rétabli dans
ses droits, celui qui révéla à tous les peuples le secret
de leur souveraineté usurpée, c'est à lui qu'il appar-
tiendroit de renverser, au nom du patriotisme, le
préjugé qu'il combattit sans succès au nom de l'humanité. Il commanderoit aux citoyens les sentimens
civiques, comme il commandoit aux mères les vertus
maternelles. Du moins au défaut de son génie, il nous

a légué fes principes, armes impériffables devant lef-
quelles tombent d'elles-mêmes toutes les erreurs.

La philofophie diftingue plufieurs époques dans
l'hiftoire du duel.

L'homme fauvage vengeoit fon offenfe par une
irruption foudaine & préméditée contre fon ennemi.
Pour empêcher les maux & les guerres qui fuivoient
fes vengeances, & mettre plus d'égalité dans les
combats, on convint qu'ils feroient toujours précédés
par un appel. Ainfi un fentiment de juftice & de gé-
nérofité établit dans fon origine le duel, comme un
remède contre les affaffinats.

Bientôt les prêtres, nos premiers légiflateurs, (car
la théocratie eft l'imbécille enfance de prefque toutes
les fociétés) habiles à ramener fous leur pouvoir
toutes les actions de la vie humaine, furchargèrent la
loi du combat de formalités & de cérémonies reli-
gieufes, & mirent le combat ou l'épreuve du fer au
rang de toutes ces épreuves bifarres, qui, fous le nom
de *jugement de Dieu*, compofoient leur fuperftitieufe
& barbare jurifprudence. Ainfi commencèrent à s'inf-
truire, à fe plaider & à fe juger toutes les caufes ;
ainfi fut inftitué le DUEL JUDICIAIRE.

C'eft alors que la fouveraineté nationale fe brifa,
pour ainfi dire, en cent mille éclats, & fes fragmens
difperfés tombèrent au hafard dans les mains de cent
mille defpotes féodaux. Mais chacun, dans le rang
où le plaçoit l'ordre graduel du fyftême feigneurial,

s'arrogeant le droit souverain de la guerre, le combat devint la jurisprudence unique, & s'étendit à tous les incidens d'un procès, de manière que le juge & les témoins, comme les parties, furent sujets à l'appel & au combat. Ainsi se résolvoient alors toutes les questions ; ainsi, comme la plus noble & la seule justice, comme l'attribut & bientôt le privilège exclusif du gentilhomme, s'établit LE DUEL FÉODAL.

Mais lorsqu'ensuite l'autorité royale eut fait rentrer tous les François sous la puissance des lois civiles enfin épurées & perfectionnées, la race *gentilhommière*, ennemie naturelle de la justice commune, forcée de soumettre aux tribunaux le jugement de ses querelles d'intérêt, s'obstina encore, dans ses démêlés personnels, à ne reconnoître que le jugement de l'épée. Comme une ruine chère à leur orgueil, les nobles conservèrent par l'usage & malgré la loi, une barbarie jadis moins révoltante, puisque du moins elle étoit légale. Ainsi se pratiqua, jusqu'à nos jours, ce qu'il faut appeler le DUEL ARISTOCRATIQUE, monument de la féodalité dégénérée, l'abus de l'abus même.

Nos guerres civiles, & depuis la prééminence de l'état militaire, l'esprit des corps, l'usage de porter une épée pour parure, le désœuvrement & la vanité, naturels aux sujets d'un despote, l'ascendant excessif des femmes sur nos sociétés, tous les vices du gouvernement, voilà les canaux non moins impurs que leur source, par lesquels l'usage du duel pénétra &

s'étendit jufqu'à nous à travers deux fiécles de lumières.

Mais comment ce *faux honneur*, le préjugé de quelques familles, devint-il un préjugé national ? Comment
nous étions-nous accoûtumés à n'attacher au duel que
des idées nobles & favorables, au lieu des idées af-
freufes qu'il préfente naturellement à des cœurs libres
& humains ? Oh ! preflige de la fervitude ! Oh ! per-
verfion de la raifon publique ! La plupart des vices du
peuple, ainfi que tous fes maux, étoient comme des
infirmités ariftocratiques ; imiter les maîtres, c'eft l'am-
bition des efclaves.

Les caftes féodales avoient le droit exclufif de porter
certaines armes. Le duellifte étoit donc depuis long-
temps honoré, ne fut-ce qu'en qualité d'homme d'épée.
Bien plus ; de ce que ces gens fe battoient feuls avec
ces mêmes armes, ils en conclurent qu'ils étoient feuls
braves ; que l'*honneur* par excellence réfidoit en eux
feuls ; qu'il y avoit pour eux des injures particulières ;
& qu'ils avoient feuls droit à une fatisfaction privilé-
giée, dont les réparations bannales de la juftice ne
pouvoient tenir lieu. Et nous, peuple crédule ! nous
apprîmes à refpecter ces chimères injurieufes pour
nous ; nous penfions nous élever jufqu'à eux en ré-
pétant leurs difcours, en adoptant leurs rites fangui-
naires ! Et tel fut long-temps le pouvoir de ces hon-
teufes illufions que tout à l'heure encore la nation
entière fembloit les avouer, lorfqu'ils s'arrogeoient,

pour

pour ainſi dire, le monopole des armes, de la bravoure, de l'honneur & du duel même.

L'ignorance, la ſuperſtition, l'anarchie, l'aviliſſe-ment du peuple, des vices politiques, des lois mé-priſées & des mœurs méprifables ! Voilà donc l'ori-gine & les ſoutiens d'une telle coutume & d'un tel préjugé !

Avoir ainſi développé, pour ainſi dire, leur généa-logie ariſtocratique & féodale, c'eſt avoir déja réuni contre eux tous les cœurs françois. Pourſuivons. La Nature, la Raiſon & la Loi vont prononcer leur prof-cription unanime.

Et d'abord loin de nous ces hommes induſtrieux à pallier tous les vices ! Par quelles ſubtilités juſtifieroient-ils le Duel ? Que pourroient-ils dire ? Que le duel en-tretient l'eſprit militaire !.... Quoi de plus propre au contraire à le détruire qu'une fureur qui anéantit toute ſubordination ? Que le duel nous rend polis !..... Les Grecs étoient donc des hommes groſſiers ? Qu'il nous rend braves !..... Les Romains étoient donc des lâches ? Et cependant ces peuples célèbres n'ont point connu l'honneur féroce du ſpadaſſinage !

Diſputeroit-on à la loi même le droit de punir le duel, prétendant « que tout homme poſſède & con-» ſerve le droit de diſpoſer de ſa vie; qu'il peut donc » auſſi la riſquer, la jouer contre la vie d'un autre ? » Mais, quand il ſeroit vrai que l'homme ſocial, que le citoyen eût le droit moral de ſe tuer, qu'y-a-t-il

de commun entre un duellifte & un fuicide? Le duellifte veut il donc la mort? non, il veut la donner à
un autre, & c'eft cette volonté que la loi punit &
doit punir. Le fuicide, au moment qu'il s'immole,
a renoncé aux droits, aux avantages, & par conféquent aux devoirs de l'affociation : il eft devenu étran-
ger. Le duellifte, au contraire, refte fous la protection, & par conféquent fous l'empire de la loi.

Jouer fa vie! le duel, un jeu! eh bien! s'il eft ainfi,
la loi doit encore le profcrire, comme elle profcrit
tous les jeux inégaux; & celui-ci ne l'eft-il pas
toujours? La force, l'adreffe, l'ardeur du fang, le
tempérament feul peut rendre un combat inégal. Un
adverfaire plus adroit, plus vigoureux, plus calme que
vous, a beau vous avertir de vous mettre en défenfe,
il n'en eft pas moins, s'il vous tue, une forte d'affaffin.
Le duel un jeu! mais le mérite des hommes, le prix
& l'utilité de leur vie, font-ce des chofes égales? Toutes
les fois que le fcélérat égorge l'homme vertueux, que
l'infenfé tue l'homme de génie, n'eft-ce pas la fociété
entière qui fait à ce jeu fanglant la perte la plus rui-
neufe.

Ah! c'eft ainfi qu'elle en doit juger : la loi, fon
ouvrage, ne voit, dans le duellifte, qu'un meurtrier
volontaire. Et, en effet, qui oferoit ranger le duel
au rang des homicides qu'excufe un funefte hafard?
Le duellifte eft-il même excufé par l'emportement
d'une violente paffion? lui qui, au contraire, prépare

à loisir , & ajourne froidement sa vengeance ! Non,
les sages Américains, les précurseurs de la liberté eu-
ropéenne, ont prononcé son arrêt. Leurs lois ont nom-
mé un tel meurtre *l'assassinat en duel*, & l'ont
frappé d'une peine plus atroce que celle des autres
assassinats.

Laissons ces vains sophismes. La Nature crie à tous les
hommes : le pire des maux est la mort; le plus grand
des crimes est le meurtre. En vain sourira dédaigneu-
sement le faux brave : le courage est de dire ces choses,
& la lâcheté de les nier.

La Raison nous dit encore : celui qui, parce qu'il se
croit insulté, veut se faire égorger; celui qui, voulant
se venger, va périr sans vengeance; celui qui, ayant
fait injure à quelqu'un, le tue pour lui faire satisfac-
tion; celui qui croit répondre au reproche d'être un
fripon, en montrant qu'il est brave; celui enfin qui,
si on le calomnie en disant qu'il a tué un homme, court
en massacrer un autre, pour prouver que cela est faux :
tous ces hommes, extravagans ou furieux, ne méritent
que l'horreur ou le mépris des gens de bien.

Enfin, voici ce que dit aussi la Loi, la loi première
des sociétés : le droit de vengeance personnelle, & le
droit de se faire justice à soi-même, appartiennent à
l'homme naturel; c'est pour cela qu'ils sont interdits à
l'homme civilisé. François, vous n'aviez point de loi ;
vous n'aviez point de société, car le despotisme est la
dissolution sociale : il laisse à tous le droit de la violence

sur lequel il est fondé lui-même. Mais la société fran-
çoise est maintenant fondée sur la volonté générale. La
loi est souveraine, la loi est légitime. Chaque citoyen
est lié tout entier, ame & corps, à la grande cité. Tous
appartiennent à tous : malheur au François qui venge
lui-même son injure ! Il se met à la place de la loi, ven-
geresse commune & impartiale ; il usurpe la souveraineté ; il arbore la tyrannie.

Mais il est un intérêt plus puissant ; il est une voix ir-
résistible qui s'élève en ce moment, c'est celle de la
Constitution. Législateurs suprêmes, défendez votre
ouvrage.

Aucun de nos préjugés antiques n'est plus incom-
patible avec nos lois présentes. Le duel est un usage
féodal, & la Constitution s'élève sur les ruines de la
Féodalité. La constitution ne laisse de force qu'aux
lois. Le faux honneur ne connoît de loi que la force.

Le duel est contraire à la Sureté publique, puisqu'il
met la vie des citoyens à la merci des caprices scélérats
d'un habile escrimeur.

Le faux honneur blesse la Liberté individuelle, puisqu'il force à se battre, l'homme juste qui, sans redouter la mort, peut abhorrer le crime, ou celui qui,
privé, par la nature, du courage de tempérament,
pourroit mériter l'estime par des qualités moins com-
munes & plus utiles.

Enfin le duel attaque l'Égalité des droits. Un délit
qui n'est point général, un délit qui est propre aux

(21)

claffes les plus opulentes, mettra le légiflateur dans
la néceffité de porter des lois qui ne feront point ap-
plicables à tous, des lois particulières. Ainfi renaîtra
au milieu de nous une forte de privilége, d'exception
juridique & d'inégalité légale.

Et cependant la Conftitution nous promet Sureté,
Liberté, Égalité! & cependant nous adorons la conftitution! Quel eft donc cet inexplicable délire des hommes! Ils voudroient amalgamer des êtres hétérogènes
& réfractaires, jouir de la tyrannie individuelle au milieu de la liberté générale; ils voudroient, avec des
lois pures, conferver leurs habitudes les plus dépra-
vées!

Encore, fi l'on pouvoit efpérer que les Mœurs publi-
ques duffent bientôt amener la deftruction de cet abus
déplorable! Mais cet abus, lui - même, détruit tout
efpoir de régénération dans les mœurs. Eh! comment
naîtroit-elle, cette Moralité févère des citoyens, tant
que le faux honneur, comme un affreux tyran, veille,
le fer en main, pour impofer filence à l'opinion générale elle-même; tant que la menace d'une provoca-
tion atroce refferre les fentimens individuels fur les
hommes & fur les chofes; tant que le duel met à la
liberté de la parole les mêmes entraves qu'une po-
lice odieufe mettoit naguères à la liberté de la preffe?
Quel homme fage n'a pas craint fouvent de laiffer
échapper la cenfure, ou du moins de la prononcer
vec l'énergie qui la rend efficace? Trop heureux donc

les hommes pervers que nous aidons ainſi à étouffer
leur opprobre ! Mais plaignons l'homme vertueux que
ceux - ci priveront de ſa gloire ! Plaignons ſur - tout la
patrie, condamnée à une éternelle diſette de vertus &
de mœurs. Car les mœurs & les vertus ne ſe reprodui-
ſent que par la véridique & libre diſtribution de l'éloge
& du blâme, c'eſt-à-dire, par l'infaillible puiſſance de
l'opinion.

Que ſi l'opinion, ainſi captive, ainſi tyranniſée,
ne rend plus que des témoignages ſuborneurs; quel
guide alors dirigera les ſuffrages & les choix du
Peuple ? A quel titre reconnoîtra-t-il l'homme digne
de ſa confiance ? Rempli comme vous des ſuperſti-
tions de l'honneur féodal, de l'honneur duelliſte, de
l'honneur aſſaſſin, quel ſera pour le peuple l'adminiſ-
trateur, le magiſtrat, le repréſentant incorruptible ?
Ce ſera donc ce gladiateur, ce rebelle, ce parjure
déja ſouillé de meurtres, & toujours prêt à laver les
taches de ſa vie, du ſang de ſon dénonciateur ? Con-
ſéquence abſurde, mais digne de ſon principe ! Tant
l'eſtime exagérée d'une telle bravoure, eſt contraire
aux vrais intérêts du citoyen ! Tant les pratiques im-
morales du faux honneur, pourroient vicier la conſtitution juſques dans ſes racines !

Mais quoi ! que parlons-nous ici de moralité, de
raiſon, de conſtitution, de tout ce qui perfectionne
les ſociétés humaines ? Il faudroit plutôt demander
s'il y a une Société, là où triomphe le faux honneur :

ñon, tant que la loi protectrice qui défend la vengeance personnelle sera violée, aucune autre loi ne jouira de sa pleine & tutélaire puissance; car le duelliste ne viole pas seulement cette loi : il renie, il insulte la justice commune, il témoigne qu'il la méprise; & comme cet usage est celui des classes éclairées, il n'en est point qui plus rapidement énerve les autorités légitimes & contrarie leur action salutaire, en les heurtant, en les bravant sans cesse, en les dégradant même aux yeux du peuple entier.

Hélas ! tous les sages, sous quelque ciel qu'ils méditent pour le bonheur des peuples, se félicitoient en voyant s'affermir parmi nous cette égalité sacrée des droits, source de tous les biens. « La paix & la liberté,
» disoient-ils, auront donc un même asile. Il existe
» enfin une contrée où les citoyens, divisés quelque-
» fois pour leurs intérêts privés, auront du moins
» des intérêts communs autour desquels on les verra
» se rallier incessamment, où l'impartialité constante
» des lois égalisant tous les individus, relève tous les
» courages, & tempère ainsi l'orgueil, l'envie, &
» toutes les passions haineuses. Là, aucun homme
» n'aura jamais à se plaindre que de sa destinée, & à
» rougir que de ses vices. Là, comme on le voit dans
» un corps heureusement organisé, chaque membre
» du corps social sentira le mal fait à ses moindres
» parties. Ainsi une salutaire correspondance de solli-
» citude, de protection, de surveillance réciproque,

rendra plus utiles & plus chers les uns aux autres tous
» les enfans de la patrie. Ainſi fleurira cette bienveil-
» lance générale & mutuelle des citoyens qu’uniſſent
» les liens patriotiques, cette Fraternité ſociale, tou-
» chant prélude de l’affection univerſelle dont la chaîne
» doit un jour embraſſer toute la race conſanguine des
» habitans de la terre ».

Ah ! l’ami des humains a trop préſumé des François.
Que la Fraternité ſociale eſt loin encore d’une nation
chez qui la politeſſe des manières n’eſt que le maſque
de la férocité des cœurs, chez qui le plus noble effort
de l’eſprit humain, le pardon des injures, eſt réputé
infame, tandis que l’orgueil brutal y recueille une
indigne admiration ; d’une nation qui honore le meurtre,
comme d’autres peuples ont récompenſé le larcin &
ſanctifié la proſtitution ! Au lieu du ſpectacle conſolant
d’une douce harmonie, le ſage qui viendra parmi nous,
y verra les citoyens s’obſerver, ſe meſurer ſans ceſſe
avec les inquiétudes de la vanité ; épier, ſoupçonner,
deviner par-tout l’injure ; punir de mort un ſeul mot,
& obtenir par des aſſaſſinats une honteuſe diſpenſe de
toutes les vertus. Il y verra un ami forcé par le préjugé d’aller, les larmes aux yeux, poignarder l’ami qu’il
venoit d’embraſſer. Il verra une mère déſeſpérée,
pleurant ſon dernier fils égorgé par la même épée que
ſes frères, ſans avoir pu les venger. Il verra des villes en-
tières dépeuplées de leur plus brillante jeuneſſe, comme
un jardin dépouillé de ſes fleurs, comme ſi l’année avoit

perdu son printemps ! Enfin il verra au sein de la paix toutes les sanglantes horreurs de la guerre intestine.

Quoi donc ! la Fraternité sociale, l'humanité même n'est-elle qu'un vain nom ? *Qu'as-tu fait de ton frère ?* crioit la voix céleste au premier homme qui versa le sang d'un homme. *Suis-je donc le gardien de mon frère ?* répondit le meurtrier. Hommes durs & vains, esclaves pusillanimes du point d'honneur, telle pouvoit être aussi votre réponse, quand, loin de former une seule famille, les François n'étoient pas même des êtres d'une espèce semblable. Mais maintenant que la constitution vous a donné des frères, vous êtes leur gardien comme ils sont les vôtres, & leur sang rejaillira sur vous.

Qu'il cesse donc & disparoisse à jamais ce vertige inhumain ! Législateurs suprêmes, vous êtes comptables des maux & des crimes publics. C'est vous que le sang des victimes, que les pleurs de leurs familles, que les regrets de la patrie accuseront désormais. Tous les bras sont armés ; tous les citoyens sont soldats : les excès du duel vont de jour en jour s'accroître & se multiplier. La fureur des partis peut à chaque moment changer en batailles civiles les combats singuliers. Déja une ligue de mécontens, ivres de vengeance, aiguisent le fer, croyant sans doute, les insensés ! tuer la liberté, le peuple même, en égorgeant leurs défenseurs. Il ne faut qu'un instant, & ce peuple égaré va produire quelque funeste explosion, en punissant le mal qu'il vous appartenoit de prévenir. Oui, les ravages du duel vous demandent une loi, & en même temps le préjugé déja ébranlé vous promet de fléchir devant elle. Entrez au fond des cœurs, vous y verrez le duelliste se reprocher secrétement sa démence, sa cruauté, sa lâcheté même, & cette fausse honte qui le rend si timide contre l'erreur publique, si hardi contre sa conscience, sa raison & sa loi. Entrez au fond des cœurs : vous verrez que le duel n'y est plus chéri, & défendu que par les plus viles passions. Ordonnez donc, avec confiance, les réparations légales, & proscrivez les réparations meurtrières. Sauvez ainsi la constitution & la vertu. Qu'enfin le premier d'entre nous, assez courageux pour refuser un duel, au nom de vos décrets, paroisse avoir craint les lois, & non pas avoir eu peur des hommes.

En le rendant, ce décret nécessaire, vous ne ferez point du duel un délit particulier. Vous n'imiterez point ces édits odieux de Louis XIV, qui ne statuant que sur l'honneur d'une seule classe d'hommes, sembloient l'ôter à la nation entière. Vous ne confondrez point le duelliste meurtrier avec le simple infracteur de la loi, & vous n'essaierez pas de réprimer, par la crainte de la mort, des hommes qui ne se rendent coupables que pour paroître ne pas redouter la mort.

Pour nous, en vous appelant au secours de la constitution même, menacée par ses irréconciliables ennemis, le duel & le faux point d'honneur, nous

avons pensé que les principes qui serviront de fonde-
ment à votre décret, devoient être sanctionnés d'avance
dans toutes les ames, afin que l'opinion cessât d'en-
courager le crime, en même temps que la loi cesseroit
de le tolérer. Voici donc les maximes que nous recon-
noissons solemnellement, comme véritables & sacra-
mentelles, comme les seules maximes qui conviennent
aux nouveaux François.

Première maxime.

Il n'appartient qu'à la puissance publique de forcer
un citoyen à la réparation d'une offense privée. Le
défi qu'un citoyen, même offensé, fait à un autre,
est donc comme une déclaration de guerre faite à
tout le corps social, & doit être réprimé, comme la
première hostilité d'un ennemi.

Seconde maxime.

Une action funeste à la société ne sauroit être hono-
rable. C'est déshonorer l'honneur, de prostituer ce
nom à la vengeance personnelle.

Troisième maxime.

Le vrai courage n'est que le mépris d'un danger
nécessaire. La bonne opinion qu'on prodigue à la
bravoure du spadassin, est aussi contraire au bien
public qu'au bon sens, puisqu'elle rebute & rend plus

rares les autres vertus sociales. On ne doit donc ni ap-
plaudir celui qui se bat, ni mépriser celui qui ne se
bat point.

Quatrième maxime.

Une indulgente générosité pardonne l'injure ; une
magnanimité éclairée la dédaigne. On a donc droit
de blâmer celui qui mérite l'injure, mais non celui
qui la supporte.

Cinquième maxime.

C'est un devoir & un droit du législateur de déter-
miner la nature & la gravité des offenses. Celui donc
qui s'offense trop facilement, prenant pour injure ce
qui n'en est point une pour les autres ; ou ce que la loi
n'a point jugé tel, celui-là n'est point l'homme d'*honneur*, mais plutôt un homme vain & colère, qu'il ne
faut point récompenser par l'estime. Car l'estime est
une portion du trésor public, qui ne doit être dé-
pensée & répartie qu'aux actions conformes à l'utilité
commune.

Sixième maxime.

Ainsi donc un usage & un préjugé qui tarit & cor-
rompt toutes les sources de l'opinion publique, ne
peuvent être chers qu'aux hommes vicieux qu'ils fa-
vorisent, ou aux ennemis de la constitution, parce
qu'ils la privent de sa plus grande force, la responsa-
bilité morale de chaque citoyen.

Enfin, le DUEL eſt maintenant pour tout François un attentat contre la Conſtitution & une violation du ſerment civique & fédératif.

S'IL EST quelque François qui renie ces axiomes ſacrés, qu'il paroiſſe armé de ſon glaive fratricide ; qu'il vienne ici rétracter ſes ſermens ; qu'il ſe reconnoiſſe indigne de la liberté, & déchire devant nous les pages immortelles de la déclaration des droits de l'homme & du citoyen.